Palabras de *hielo* en pleno *verano.*

Ruth Clemente Hernández

Textos: Ruth Clemente Hernández.

Prólogo: Ruth Clemente Hernández.

Epílogo: Ruth Clemente Hernández.

ISBN: 978-0-244-02705-6

Prólogo.

Si buscas un libro elaborado, escrito por algún escritor famoso y con buenas críticas cierra ahora mismo este libro.

Este libro sólo tiene cachitos del corazón de una chica que ha querido exponer sus sentimientos al mundo.

Sigo pensando que esto no es más que una lectura pasajera, que difícilmente alguien va a dar a estas letras la importancia que para mí tienen, siento que son *palabras de hielo en pleno verano* y que, como tal, una vez leídas quedarán derretidas.

Si aún quieres leerlo, gracias. Gracias por confiar en que puedes identificarte con esta parte tan profunda de mí.

Cristales y fisuras

Tras la explosión, fui a ver el edificio que había caído.

Los cristales me miraron y murieron de envidia por mis fisuras, porque aun rota, me veían en pie.

II.

Haz lo que quieras. Arrepiéntete después. Disfruta: bebe, ríete, baila, canta, monta un espectáculo, júntate con malas compañías, ¿qué más da?

Diviértete y hazlo; eso que te daba tanto miedo por lo que pudieran pensar, hazlo. Pensar van a pensar de todas formas. Enloquece y descojónate de la vida, demuéstrales que puedes tocar la luna subiéndote a una escalera; que el sol no es tan caliente como dicen, que tú lo eres más; que el más valiente no es quien se mete con el más malo, sino quien busca compartir tu locura. Que nadie conseguirá nunca seguirte el ritmo.

Hazte fotos, ¡miles! Pon morritos y muérete de la risa cada dos por tres. Abraza a la locura y duerme. Y sueña. Y despiértate y levanta esos sueños de la cama. Y hazlos realidad.

Haz lo que te plazca porque llegará un día en el que no podrás hacer más que recordar, y dime, ¿quién quiere una vejez sin recuerdos?

Quizá.

Se dice que las personas que de verdad te quieren, nunca se van del todo.

Quizás por eso no te vas de aquí.

Quizás por eso nuestra relación es de efecto boomerang. Y ríete tú del de instagram.

Quizás por eso tu sonrisa sigue acompañándome en mis días grises, y no hablo de lluvia, sino de tristeza.

Quizás por eso estamos tan unidos incluso cuando todo nos separa.

Quizás te quiero de verdad y por eso siempre espero.

Bueno, quizás no,

te quiero.

IV.

Por la protección que me brindabas con tu sonrisa, porque si ella se mantenía intacta, yo también.

Porque era capaz de protegerla con mi vida ya que sabía que mantenerla a salvo me haría inmortal.

A salvo y cerca,

muy cerca.

Detalles.

Detalles como un mensaje largo de buenas noches, como un «tengo ganas de verte» de la nada, como un beso por sorpresa o un abrazo por la espalda, como una llamada inesperada, como una sonrisa en un mal momento, como un «¿qué tal estas?», como un «te echo de menos». Como un «estás preciosa», como una larga carta escrita a mano, como preocuparse si te encuentras mal, como un «te quiero» repentino. Como contestar cada mensaje, aunque no tenga sentido. Como una visita inesperada, como interesarse por tu día. Como simplemente querer y demostrarlo.

Detalles como tú, como los que le hacen falta a mi día a día.

0615.

Me enamoré, me enamoré de su risa a pesar de lo ridícula que era, era de esas risas que te hacen reír de lo penosas que son. Me enamoré de sus manías, como la de agarrarme del brazo y decir que él era la chica, todo por hacerme reír hasta no poder más. Me enamoré hasta de sus enfados por muy mal que lo pasase, todavía hay días que los echo de menos. Me enamoré de cuando me insultaba de coña, de sus besos, aunque, ¿quién no se enamoraría de eso? Si podrías derretirte con el simple roce de sus labios. Me enamoré de lo bueno que era, de lo nerviosa que me ponía, de sus idas y venidas, de cómo conseguía animarme incluso a distancia, de cómo me hacia enfadar.

Me enamoré incluso de cuando le hablaba y no prestaba atención a lo que le decía, de sus contradicciones, de sus distintas formas de decirme que, para él, era la chica más bonita del mundo. Me enamoré de cómo sonreía, aunque su sonrisa no fuese perfecta, le hacía sonreír yo y para mí eso ya la hacía perfecta. De él amaba todo, lo malo más incluso.

Podría decir que me caló como nadie, que daría todo ahora mismo por otro de sus abrazos, por sentirme igual de protegida entre sus brazos y no mentiría.

Sé que por mucho que trate de aceptarlo, siempre lo echaré de menos, todo. Sí, pienso aceptarlo, sé que costará, pero me niego a olvidar una parte de mi vida en la que he sido tan feliz.

Pide un deseo.

Voy a tu casa, como cada noche de verano cuando hay lluvia de estrellas.

Sacas tu famosa boina y me traes mi batido de siempre.

Nos sentamos en el sofá y en el momento en que, como siempre, te oigo roncar, veo la estrella fugaz que siempre discutimos quien ha visto primero.

Sé que es esa.

Y le pido mi deseo.

'Ojalá volver a oír dormir a mi abuelo cuando te veo.'

VIII.

Me quité la venda de los ojos.

Dejé de echarte de menos.

Dejé de esperarte.

Y decidí aprovechar el tiempo que perdí deseando que volvieses.

Sin saber.

Te atreviste a irte

sin saber lo que perdiste,

sin saber lo que ganabas conmigo,

sin saber que tú para mí eras

más de lo que ganaba.

Luna.

¿De qué se llena la luna cada mes?

¿De los besos, las sonrisas, la felicidad que ha contemplado mientras crecía?

¿O de la tristeza, las lágrimas y las heridas que también ha visto?

¿Por qué decimos que llena es más bonita?

Si ni siquiera sabemos de qué está llena.

XI.

De verdad, es increíble lo que una persona puede hacerte sentir cuando se te queda mirando y de repente te suelta un 'estas preciosa'. Lo increíble es tener a esa persona. Más bien, lo increíble es esa persona. Digo, ¿cómo alguien puede hacerte sentir tanto sin siquiera rozarte? ¿Cómo puede el hecho de divisar (o simplemente creer hacerlo) a una persona acelerarte el corazón hasta puntos inimaginables? ¿Cómo puede una sonrisa concreta sanar todos tus males? ¿Cómo el roce de esa persona especial puede hacerte sentir con esa seguridad de que nada puede pasarte a su lado? ¿Cómo un abrazo puede calmar tantos demonios, tantos monstruos como te pueden llegar a estar atormentando? ¿Cómo puede llegar a pasar todo eso, y más, y que sólo te lo pueda causar una persona?

Porque es así, por mucho que intentes fingir que otro ser te haga sentir de esa manera es imposible. Y lo sabes. Sabes que por mucho que lo intentes, aunque bases tu vida en tratar de conseguirlo, no puedes. Como mucho, te habitúas al cariño que puedas llegar a sentir por la segunda persona y crees que has llegado a sentir lo mismo; pero llega el miedo, y los abrazos de esa segunda persona no te hacen sentir seguro, y extrañas a quien sólo con mirarte y sonreírte lo conseguía. Es entonces cuando te das cuenta de que amor sólo hay uno, uno verdadero, y de que era esa primera persona a la que tanto echas de menos.

Algunas veces, hay personas que cuando echan de menos a sus respectivos amores llegan a tiempo y consiguen alcanzar la felicidad que tanto ansiamos todos; otras, en cambio, ya es demasiado tarde y qué pena. Es muy triste quedarse con el '¿qué hubiera pasado si no hubiese acabado?', es muy triste haber conocido dicho amor y haberlo perdido, pero es más triste haberse dado cuenta de que no se puede sentir lo mismo y no poder seguir auto engañándose.

Se llama Hugo

Aún es un sueño.

Alguien sonriente, feliz, risueño.

Aceptado y querido por quienes quiere, yo me encargaré.

Va a ser una de las personas más importantes de mi vida.

Va a aprender a ser bueno, pero listo.

Sabrá respetar y cuidará de alguien más...[1]

---

[1] Buscar “Se llama Mía”.

Desastre.

Cada dos por tres sale en las noticias un desastre natural,

aun así, sigo sin verte.

No lo entiendo pues, eres el huracán más bonito que he visto,

que lo arrasas todo a tu paso,

y que jamás he conocido a nadie

con tanta capacidad de destrucción en sí,

sin nada de maquillaje.

Te quiero, ¿te sirve?

Te quiero, y tanto que te quiero. Podría gritarlo a los cuatro vientos, podría escribirlo en el cielo con un avión como en las películas, podría escribirte una carta diciéndotelo y enviarla, podría escribirlo en grande con pétalos de rosas. Pero nunca soplan los cuatro vientos a la par, nunca supe como hacían lo del avión, no existe sobre tan grande como para que quepan todas las hojas que necesitaría y las rosas siempre me parecieron más bonitas sin deshojar. Sólo me queda decírtelo. Te quiero. ¿Te sirve?

Suerte.

Ni tréboles de cuatro hojas,

ni soplar dientes de león,

ni ver estrellas fugaces;

ya te tengo a ti, para qué más.

XVI.

Mis grietas están a tu nombre,

y mi corazón también, supongo;

por eso lo de que solo quién te rompe,

tiene el poder de reconstruirte.

No nos callarán.

Estamos hablando. Estamos informando de todo lo que ocurre en nuestro país.

Hablamos de todas las asesinadas, que no fallecidas como os empeñáis en hacernos creer. No han muerto por error, las han matado por mujeres.

Hablamos de todos los derechos que tenéis, de todos los que nos faltan.

Hablamos de que queremos poder volver a casa solas, poder salir sin que nuestros padres nos digan «Hija, no llegues tarde, y si lo haces, no vengas sola», y eso es algo que vosotros no sufrís.

Hablamos de que en nuestra lucha sólo hay cabida para nosotras, que no podéis entrar aquí como uno más porque tenéis privilegios.

Que podéis ayudar desde fuera, pero no apoderaros de nuestra lucha.

Que queremos que dejéis de cosificarnos, que dejéis de usarnos como algo atrayente, como objetos sexuales.

Queremos que entendáis lo que es un “No”, y que en pleno siglo XXI ninguna “se hace la estrecha”.

Queremos que os enteréis de que un “no” es un “no”, y no hay excepción, y da igual si es dentro o fuera de la cama, si es con o sin ropa, o si ya habéis empezado.

Queremos que no se nos infravalore, queremos ser tratadas por igual.

Y no, no queremos quitaros los privilegios, sino que sean generales.

Queremos que entendáis que somos iguales.

Queremos seguir siendo mujeres sin tener que sentirnos desgraciadas por ello.

No, no nos vais a tener calladas, no vamos a dejar que las cosas sigan así. No lo vamos a aguantar.

Nos queremos.

Nos queremos vivas.

Nos queremos libres.

Uno más.

Siempre he sido de las personas que creen que los amigos son para siempre.

Y nada más lejos de la realidad.

Con los amigos puedes tener mucha confianza, puede que les quieras (y mucho) pero eso siempre tendrá un fin.

Ahora me diréis que no es así, que tenéis amigos que llevan toda la vida con vosotros y cosas así.

Dejadme acabar y contestadme a algo:

¿Esos amigos son verdaderamente amigos? ¿O tienen mayor categoría?

Yo, personalmente, creo que el término "amigo" es temporal y que los que están siempre no son amigos.

Son algo más.

Son familia.

Se llama Mía.

Todavía es un sueño.

Va a estar cuidada[2], aprenderá a respetar y será aceptada.

Ella también cuidará a alguien más.

Cumplirá sus sueños y será feliz.

Terminará de formar una familia completa siendo el último miembro[3].

---

[2] Mirar "Se llama Hugo"
[3] Buscar "Se llama familia"

Siempre a ti.

Vaya donde vaya,

siempre suena esa canción que me recuerda a ti,

o veo esa sonrisa propia de ti,

o a ti.

Hablando con sinceridad, deberías saber que siempre preferiré lo último.

Siempre te preferiré a ti.

No quiero fénix.

Cuando vuelvas, todo habrá cambiado. Mi sonrisa no será más bonita que un espejo roto, no podré mirar tu cara sin que salgan cristales de mis ojos.

El aire de invierno, aquel que hace congelar nuestros corazones, solo avivará las cenizas del mío. Porque fue en invierno tu venida, tu ida, tu adiós y tu vuelta.

Porque eres quien hace que aún roto, mi corazón no se congele en pleno enero.

No puedo prometerte ser la misma niña ingenua, buena y divertida de la que te enamoraste, porque ya no es así. Tu despedida hizo que la niña creciera, y su alegría fuera despedida; también hubo recortes en mis sentimientos, no había dinero para pagar tanto amor como sentía por ti.

Aunque ahora, si vuelves, con dos sueldos en casa podríamos pagar el doble de amor, y apagar las cenizas del todo. No quiero fénix, creemos un nuevo fuego de corazones unidos.

Se acabó.

Decimos se acabó como si pudiésemos encender y apagar el querer a una persona como si fuera un interruptor, como si tuviésemos derecho a decidir por la otra persona si se quiere quedar sin nosotros o no.

Damos a entender que se ha acabado el cariño, somos egoístas, (sólo queremos sentirnos bien con nosotros mismos auto influenciándonos de que hemos hecho lo correcto independientemente de lo que pueda sentir o sufrir la otra persona, pero en el fondo, muy en el fondo, somos conscientes de que si la queremos aunque sea de una mínima forma); sin embargo, lo que realmente se ha acabado es la valentía de seguir dándolo todo por una amistad o por un amor que verdaderamente queremos, así que aparte de egoístas también somos cobardes. Imponemos nuestra decisión en un momento de enfado sin contar con los sentimientos propios o ajenos, y luego nos arrepentimos.

Decimos se acabó como si no significase nada, lo decimos como si no doliese, lo decimos creyéndonos lo suficientemente maduros como para tomar una decisión de tal calibre.

Decimos se acabó a la persona equivocada, porque nos han echado jarras de agua y una pequeña cosa de esa persona ha colmado el vaso. Es injusto y, desgraciadamente, cierto.

Decimos se acabó a quien más se preocupa por nosotros por miedo a decepcionarle aunque a la otra persona le de igual salir decepcionado mientras siga a nuestro lado.

Decimos se acabó por influencia, o por estar de mal humor; por tener una mala racha y ser la única vía de escape; por liberarnos de una relación que nosotros mismos hacemos una prisión; por ser exigentes y querer imponer nuestras decisiones a esa persona; por cualquier detalle que no nos guste.

Decimos se acabó sin valorar realmente el significado de dichas palabras, sin darnos cuenta de que pueden llevar a la destrucción de la otra persona o fingiendo que no nos importa.

XXIII.

Necesito a alguien que sea capaz de quedarse cuando todo lo demás se va, alguien que se quede aun diciendo que se va, que me eche de menos si se aleja.

Alguien con quien reñir sea el pan de cada día, pero ojalá no me cambien nunca el pan y esa persona piense lo mismo.

Necesito alguien que considere que valgo la pena, que me ayude a quererme y que me quiera.

Alguien que me demuestre que no todo es tan malo, que siempre estará ese alguien.

Y lo tenía, juro que lo tenía, y lo perdí.

¿Puedo ser más gafe?

Se llama familia.

Primero eran dos confidentes, llámalos pareja, llámalos amantes, llámalos amigos.

Duraron como confidentes toda una vida.

Juntos producían felicidad, en dos ocasiones, con nombre.

Eran dos, y no simultáneas: un año de diferencia.

Nueve meses de preparación.

Primero hubo truco[4], después vino la magia[5].

---

[4] Mirar "Se llama Hugo".
[5] Mirar "Se llama Mía".

Perdido.

Me pierdo antes en tu boca que en cien laberintos, y jamás he logrado entender como sólo un par de elementos pueden desorientarme mejor que mil paredes y callejones sin salida. Pero, después de todo, sigo pensando en lo bonito que es perderse si tú eres el motivo.

Utopia inevitable.

Se esforzaron por hacer fallar lo que estaba destinado a salir bien. Se molestaron en separarse, aunque todo en el mundo les acababa uniendo. No se soportaban, pero cada día que pasaba, el uno estaba más enamorado del otro y viceversa. Buscaron esa misma sensación en otras voces, en otros labios, en otros cuerpos.

Buscaban crear una distopía unidos, aunque solo les afectara a ellos, para no poder aguantarlo y alejarse pero no, su destino les llevaría a lo contrario.

Finalmente decidieron rendirse ante aquella poderosa fuerza atrayente que, por alguna razón, se había empeñado en unirles a pesar de todo, y en seguida formaron su propia utopía.

Vale la pena.

Somos la generación que se salta cualquier semáforo en rojo a toda velocidad, pero que tiene miedo a enamorarse porque han oído que la hostia es más grande. Y lo es. Pero vale la pena.

Aquella canción.

Seguiré escuchando aquella
canción de Zedd,

aquella que ya me sé de
memoria,

con la que me acuerdo de cada
abrazo

porque quizá

si te siento cerca,

te acercarás.

Seguiré poniendo en repeat la
misma canción de siempre.

Para que, si decides volver, tu
llegada sea bienvenida.

Para decirte que no te he echado
de menos, y que sepas que no es
verdad.

Porque aquella es nuestra canción.

Aquella canción es magia.

Aquella canción es mi parte de ti.

Suerte II.

No sé si se puede almacenar la suerte,

pero desde aquí parece

que tú

eres toda la suerte del mundo

almacenada en una persona.

Mejor sólo que mal acompañado.

Estoy cansada de dar oportunidades a personas que simplemente no se las merecen. Si alguien te falla una vez está más que claro que te fallará de nuevo. Las personas tienden a ser malas y dañinas. Estoy cansada de dar una oportunidad tras otra a quien me ha intentado hacer creer que es esa persona quien me la da a mí, que la mala de todo soy yo cuando no es así.

Y bien, aquí se acabó. Después de un largo camino hasta aquí y de haber vuelto a darme cuenta de la maldad de las personas, he decidido que no hay regreso.

Siempre se estará mejor solo, que mal acompañado.

Perdidos en el cielo.

Y de qué me sirve

perderme en el cielo

llevada de la mano de otra persona,

si yo lo que quiero

es que tus manos

me hagan arder.

Abuelo.

No pienses que te echo en falta tan solo en los momentos en que estoy sola o triste. No abuelo, te echo en falta en medio de una carcajada, echo de menos que rieses junto a mí.

Sé que ha pasado mucho desde tu ida, casi ocho años van ya, pero aun así me haces falta, y en el fondo sé que me la harás toda la vida; es muy duro perder a alguien sin estar preparado, pero he de ser sincera contigo, creo que nunca hubiera estado preparada para tu ida.

Ahora estoy rodeada de amigos, no paran de decir tonterías y me estoy riendo, pero no puedo evitar pensar en ti con un poco de nostalgia.

Eres tan necesario abuelo, pero no estás; y no te culpo, ni a ti ni a nadie. Entiendo que es algo por lo que todos tenemos que pasar. Tanto la pérdida de un ser querido como la de uno mismo.

Te echaré siempre de menos, abuelo.

Quiero creer que allá donde estés, estás orgulloso de mí, de la persona en la que me he convertido, de tu niña. Siempre he sido tu niña.

Me gustaría abrazarte una vez más, y que mi carcajada sonase más fuerte a la par que la tuya, sonase más viva, sonase más nuestra.

Te quiero mucho abuelo, gracias por seguir guiándome desde donde sea que estés.

Abrazos.

Por todos los abrazos.

Los dados,

los que no,

los que están por dar.

Y por dar, darte mi vida con esos abrazos.

XXXIV.

A veces, damos por hecho que alguien puede soportar todo cuanto le echemos encima por vernos bien.

Y hay gente que sí, algunos aguantamos aunque nuestra barbilla roce el suelo, aunque no podamos ni andar, pero aguantamos.

Hay gente que por culpa de que nunca quisieron quedarse a nuestro lado, valoramos a quien se queda y luchamos porque no se vaya.

No te voy a olvidar.

No te voy a olvidar...

Me niego a reemplazar en mi cabeza una de mis épocas buenas, pero eso sí, te voy a superar por ese mismo motivo.

Porque si algo te ha hecho feliz no tienes que dejar que te haga daño, porque no tienes por qué maltratar(te) ni a ti ni a los recuerdos.

Poco a poco se irán todos y lo sabemos, sabemos que llegará un punto en el que estaremos con la simple concianza; palabra nueva, ¿verdad? Y aun así, en cuanto os la explique os daréis cuenta de la necesidad de esa palabra.

¿Nunca os habéis enfadado con una persona en la que confiabais con todas vuestras fuerzas y cuando habéis hecho las paces ya no era lo mismo? Os conocíais, sí, pero la confianza se había ido.

Concianza no es más que lo que todos hemos vivido pero nadie ha sabido nunca darle un nombre apropiado.

Falsedad... no, qué va, ninguno fuisteis falsos. La situación lo fue y el mundo os engañó para empezar a dejaros solos. Porque poco a poco todos aquellos a los que tanto queremos ahora se acabarán yendo. No tendrán tiempo para los amigos. Universidad, trabajo, hijos... eso en el mejor de los casos, en el peor droga, alcohol, mala vida...

En esos momentos, quiero que pienses si de verdad te sale

rentable olvidar cuanto has vivido, y sé sincero.

Cuando la monotonía se vuelva la base de tu vida, cuando ya no vivas muchas más experiencias que puedas recordar con una sonrisa dime, ¿querrás que te olvide? ¿Me privarás de sonreír al recordar(te)? ¿Me dejarás vivir la monotonía con tu recuerdo?

Sé.

Sé que voy a quererme,

sin preguntas,

y sin respuestas.

Ven.

Ven.

Ven y abrázame.

Ven, pasa la noche conmigo.

Sueña conmigo y a mi lado.

Bésame por la mañana, y antes de dormir.

Y si en medio de la noche no me encuentras, te abrazaré.

Ven, sonríeme como sólo tú sabes.

Alégrame incluso la mañana de un lunes de tormenta con tu cara de dormido.

Quiero soñar contigo. En todos los sentidos.

Arte.

Ya entiendo el final de todos los
verbos que me gustaría decirte
detrás de un (te) quiero.

Tú eres arte.

Por eso siempre quiero verbos
acabados en ti.

Carpetas.

Vengo a hablarte de mis carpetas.

Van por orden alfabético:

Por la A, tengo tus abrazos. Están metidos todos ahí... No sé ni cómo caben.

Por la B, tus besos. Todos ellos. Los de después de mucho tiempo sin vernos, los de despedida, o los que me dabas porque sí. Todos.

Por la C, tus cabreos. Que hasta eso me gustaba de ti. Si es que debo de estar loca (por ti).

Por la D, tus dedos cada vez que acariciabas mi mejilla. Rozar el cielo debe ser muy parecido.

Por la E, tus enfados, que, aunque parezca lo mismo que los

cabreos no es así. Estos eran más largos, y aunque no me gustaban, nos acababan uniendo más.

Por la F, tus falsas alarmas. Las de irte, pero al final no. Y menos mal.

Por la G, tus ganas, mis ganas, nuestras ganas de estar juntos, de vernos y de querernos constantes.

Por la H, nuestras historias. Sólo tú y yo lo entenderemos.

Por la I, tus ideas. Disparatadas a veces, pero siempre con tal de hacerme sonreír un poco más.

Por la J, tus juegos. Todos tus piques, todas tus bromas.

Por la K, tu manera de ser tan kamikaze, por lanzarte a mí sin protección alguna sabiendo que lo roto corta.

Por la L, tus locuras. Todas ellas, y están ordenadas de mayor a menor. Por estar tan loco (por mí), como yo (por ti).

Por la M, tus manías persecutorias. Tienes muchas, y nunca te das cuenta. Te hacen único y me vuelven loca.

Por la N, tus niñerías. Por todas las veces que te has comportado como un niño para sacarme una sonrisa de tantas que me sacas.

Por la Ñ, tus ñoñerías. Porque después de haber pasado por tanto, he dejado todo ese tema tan apartado que me he dado cuenta de que sólo me valen las tuyas.

Aquí tienes las quince primeras carpetas.

Aún estoy preparando algunas más.

Elevarse.

Contigo sé que puedo,

contigo, sé que, incluso aunque
estuviera con mil kilos en cada
tobillo,

si tú estás allí, puedo elevarme,

y no tres, sino quince metros
sobre el cielo.

A ti, mamá.

A ti, mamá. No sé ni qué decirte. Más bien, no sé por dónde empezar. Tengo tanto que decirte que no suelo decirte a pesar de que lo mereces, que no soy capaz de darle un orden en mi cabeza.

Me encantaría compensar cada discusión, cada bronca, cada mal rato que te he hecho pasar, sé que con un te quiero podría bastar, pero para mí no es suficiente. Tú te mereces más, lo mereces todo.

Eres increíble, mamá. Gracias por apoyarme siempre, por aguantarme (porque sé que puedo llegar a ponerme insoportable), por enseñarme qué es lo correcto y qué no, por reñirme cada vez que la cago y por avisarme de que voy a cagarla. Por escucharme, por preocuparte por mí. Por ser en quien puedo confiar siempre.

Sé que te lo digo poco, pero te quiero mucho.

Gracias por ser mi madre.

Be(r)sos.

No sé si a besos,

o a versos,

pero te prometo

que conseguiré

que veas

cuantísimo te quiero.

Cruz o cara.

No sé si eres mi cruz o mi cara,

siempre sales cuando no te pido,
y, cuando te pido, vuelves a
cambiar.

Eres magia.

No sé cómo te adelantas a mi
pensamiento,

y desmontas mis teorías, mis
planes, mis ideas.

Descolocas mi cabeza, y alteras
mi corazón.

Corazón de cristal.

¡Atención! ¡Cuidado!

Tienes en tus manos algo muy frágil.

Tan fácil de romper que debes tratarlo con mucho mimo.

Es mi corazón.

Después de tantas heridas, de tantos disgustos, se ha creado una coraza de cristal.

Y dirás, es sólo una coraza.

Si la coraza se rompe, los cristales se clavan.

Una vez que se han clavado sólo tienes dos opciones: o las sacas y me desangro, o las dejas y muero de dolor.

Cuídalo. Cuídame.

A ti, papá.

No he querido ponerlos seguidos para que no pensaseis en por qué uno antes que el otro. Simple: sois tan importantes ambos que necesitáis cada uno un texto por separado.

Así que, a ti, papá, también tengo que darte las gracias.

Gracias por darme un abrazo siempre que lo he necesitado, gracias por cuidarme, protegerme y quererme. Gracias por darme tantos caprichos y por permitirme ser tu niña.

Gracias porque, junto a mamá, sois los mejores padres que nadie podría tener. Gracias por enseñarme todos mis principios, por hacer que, incluso a mi edad, sea capaz de tener dos dedos de frente. Gracias por educarme y enseñarme tan bien.

Te quiero papá, muchísimo, también muchísimo más en comparación a lo poco que lo digo.

Operación.

Saca aguja e hilo, besos y
caricias.

No sé con cuál podrás coser
mejor mi corazón.

No sé.

No sé cómo empezar a decirte esto, porque nunca sé cómo decir lo que siento sin que suene demasiado profundo.

Quizá es porque todo me lo guardo tanto tiempo que cuando quiero sacarlo se ha convertido en lo más fuerte que jamás he podido sentir. Y tú, tú has participado en que esa transformación tenga lugar.

No sé muy bien cómo describirte para poder entender por qué siento lo que siento, pero sí sé que eso tan fuerte de lo que te he hablado, lo has provocado tú.

Tienes llaves, y no hablo de casa, hablo de mí. Has sabido abrir lo justo y necesario para que sienta todo esto.

Dicho esto, y ahora que veo que
no entiendo el por qué, queda
decirlo directo: te quiero.

Lagunas.

Tengo lagunas temporales, y no hablo de no recordar lo que he hecho en cierto tiempo, sino de no ser consciente del tiempo que pasa mientras hago ciertas cosas.

He de admitir que, desde el primer momento, tú fuiste mi laguna preferida.

No significa.

Necesito irme, escapar, desaparecer de todo aquello que puede causar en mí algún tipo de desorden a mayores. Ya bastante tengo conmigo misma si lo que quiero es no encontrar respuestas.

No por necesitar evadirme significa que no te quiera. Te quiero, y te voy a querer, puedo estar segura de ello ya que ni quiero ni puedo dejar de hacerlo; pero tienes que entender que cuando tú necesitabas un día de desconexión yo seguía ahí, sin ningún descanso, por si algún minuto me echabas de menos, y puede que tanto como quería que tú me echaras de menos, he acabado echándome de menos yo.

Sé que es complejo, hay momentos en los que ni yo misma lo llego a entender, pero necesito quererme para seguir queriéndote, necesito dejar de echarme de menos para poder valorar tu presencia, necesito apartarme para poder darme cuenta de que no sigo por costumbre, sino por amor.

A veces uno tiene que corroborar lo que sabe, para no caer en la tentación de dudar de ello.

Y de esto es mi momento.

Epílogo.

Si has llegado hasta aquí no me queda más que volver a darte las gracias.

Sólo tú puedes decidir si estos textos se han derretido o tú mismo los mantienes congelados si te queda un buen sabor de boca.

No eran más que letras, palabras y textos, pero si te ha llegado el sentimiento con el que yo lo he escrito, ya me conformo.

Gracias.

Micro cuentos

Finales.

1. Eres ese jarro de agua fría que me devuelve a la vida, y ese soplo de aire puro que me hace respirar.

2. Estoy cansada de dejarme el aliento inflando un globo que se pincha con sus propios alfileres.

3. He dibujado universos con mi paranoia por pincel.

4. Echar raíces que me aten a ti con un abrazo.

5. Vivíamos en nuestra propia bola de pasión constante, hasta que explotó.

6. Yo, que perdía el equilibrio caminando por el borde de la acera, decidí arriesgarme a andar por la cuerda floja que sujetas cuando sonríes.

7. Te tengo guardados abrazos que abarcan ciudades y cuando más lo necesites formaré un nuevo mundo para dártelos.

8. Ni desde siempre ni para siempre, que lo que dure se disfrute como eterno...

9. Al buen sol hay que abrirle la ventana.

10. No me sirve si no es tu risa.

11. Llevo mal esto de jugar con fuego sin que seas tú quien me quema.

12. Podría jurar que si se acercaba oiría los crujidos de mi corazón con cada latido, y si estaba cerca, se me rompía a mayor velocidad...

13. He conocido lo ridículo que es depender de alguien ante los demás, y lo doloroso que es ante uno mismo.

14. Tu constante sonrisa podría sonrojar hasta al mismo sol.

15. Algún día, tu voz será la canción favorita de alguien.

16. Me duelen las pestañas de soñarte despierta.

17. Que de repente llega alguien que te hace reír tanto, tanto, tanto, que ni te acuerdas de que tienes cicatrices. Y eso es magia.

18. Mi serendipia favorita eres tú.

19. Paso de encontrar el equilibrio, prefiero que nunca dejen de temblarme las piernas al verte.

20. Cuidado con las personas que te hacen sonreír durante todo el día. Dicen que se cuelan en el corazón, y de ahí no las puede sacar nadie.

21. ¡Qué bonito es verte sonreír a mi lado! (Y también por separado)

22. Soy mi propio libro. Me reescribo, me subrayo, me agrego páginas, me arranco otras que duelen. Y dejo en blanco una última hoja, siempre. Es en esa última hoja en blanco donde siempre escribo tu nombre...

23. Sin máscaras, lanzando el dardo que dirija mi vida y haciendo diana.

24. Al infierno también se puede ir por atajos.

25. París es cualquier sitio en el que estés conmigo. Y si quieres más teatro, je t'aime beaucoup. ¿Ves ya la ciudad del amor?

26. Qué bonito el mundo si tú sujetas mi mano. Hasta mi miedo a las alturas desaparece. Podría lanzarme de un precipicio mientras no me sueltes.

27. Tú eres el quid de mi cuestión. Y esperarte es tanto como quieras que sea, tanto como (me) quieras...

28. Subo a las estrellas trepando por tu columna vertebral. Prometo no hacer daño al agarrarme, los besos harán de ancla para no caerme.

29. Qué bonito es que la misma persona que te repara las alas se ofrezca a volar contigo, aun habiendo comprobado que puedes volar sola.

30. Eres como esa soga llena de sentimientos dispuesta a colocarse en mi cuello y hacer que muera de amor por ti.

31. Me han dicho un montón de veces que quien se lleva tus pedazos está en la obligación de regresar con pegamento extra fuerte y juntarlos.

32. Y, si al final decides irte, recuerda que estoy en tu equipaje, dispuesta a ir contigo a cualquier parte.

33. Tengo quince deudas pendientes con el diablo, y las quince veces que ha venido a cobrarlas, le he ofrecido mi alma a cambio de quince vidas a tu lado.

34. Ojalá ser sobre y sello, y poder huir junto a ti a cualquier parte, recorrer quince mil ciudades releyendo la carta en la que pone lo mucho que te quiero.

35. Tu pecho siempre va a ser mi mejor almohada y tu olor mi somnífero más efectivo.

36. Él la quería con locura y a ella le parecía de locos que él la quisiera así...

37. Te has convertido en mi ciudad favorita aun sin ser ciudad porque contigo me siento como en casa.

38. Incluso el día parecía clarear si sonreías.

39. Quizás perdemos lo mejor de nuestra vida por miedo a no encontrarlo.

40. Descubrí lo efímero de tu mirada en tu pestañeo.

41. Quiero que seas mi brújula rota, que me des mal el norte y nos perdamos juntos.

42. Avalada por el mismísimo diablo, refugiada en el infierno más cercano.

43. El problema (o la suerte) es que cada vez que paso de página sigo viéndote a ti, ya que te has convertido en libro entero.

44. Uno de tus besos puede matar cientos de mis dudas, puede derrotar miles de mis miedos...

45. Si escribes la ciudad de las ruinas al revés comprenderás por qué me asemejo a ellas.

46. Cuando quiso hacerla una foto, no actuó como un fotógrafo. No dijo "sonríe". Dijo "te amo", y puedo jurar que el efecto fue mucho mayor.

47. ¿Y si por un momento cesamos en el camino y dejamos que los miedos sigan caminando y se pierdan, lejos de nosotros?

48. Los amigos que, aún sin ser de siempre, valen más que quienes llevan toda la vida contigo.

49. Tu sonrisa es todo lo bueno del mundo porque en lo que yo considero mundo, si faltas, recordar tu sonrisa cubre mis necesidades básicas.

50. Dueño y causante de todo el zoológico de mi estómago, de mi caos de felicidad y de mi sonrisa espontánea.

51. Dañino, como un cuchillo afilado apuntándote directo al corazón.

52. Dicen que los mejores puzles son los que no encajan porque, con el tiempo, forman las imágenes más bonitas...

53. Si no estás bien, trataré de actuar de salvavidas. Porque, si no consigo que flotes, me hundiré contigo.

54. Eso de que después de la tormenta viene la calma, es mentira. que sí, que puede que haya terminado pero mira todos los destrozos.

55. Me encantan esas personas que te despejan de todos los problemas al menos un rato y se sacrifican para poder verte aunque sean 5 minutos.

56. Si pudiera volver otra vez hacia atrás repetiría mil veces todo lo que hemos pasado.

57. Los te echo de menos. Los me he acordado de ti. Los todo va a ir bien. Cosas tan simples y pequeñas como esas son las que más valor tienen.

58. Sé de corazas que se han roto en mil con tan solo acariciarlas y de pieles que permanecen intactas a pesar de haber sido apaleadas.

59. Oye, ¿y lo bonito que tiene que ser que te regalen un libro y que te subrayen las frases que le recuerdan a ti?

60. Pongo tu canción favorita y tú sigues ahí parado, queriendo bailar pero sin saber cómo empezar.

61. Desde aquel día supe que habría una estrella brillando cada noche en el cielo protegiéndome desde allí.

www.ingramcontent.com/pod-product-compliance
Ingram Content Group UK Ltd.
Pitfield, Milton Keynes, MK11 3LW, UK
UKHW020237250726
13967UKWH00001B/420

9 780244 027056